W0359196

Gudrun Schmitt
Ute Iparraguirre De las Casas

Perlenschmuck für Kinder

Flotte Käfer

Für die Kette benötigen Sie 40 cm Gummifaden, den Rest teilen Sie für die Armbänder in vier Stücke. Fädeln Sie die Perlen laut Abbildung auf und verknoten Sie die Enden des Gummifadens gut.

Material

- *Gummifaden in Rot, ø 1 mm, 90 cm lang*
- *1 Beutel Marienkäferperlen, ø 1 cm*
- *1 Beutel Indianerperlen in Schwarz, ø 5 mm*

Wir danken den Firmen Creative Hobbies GmbH, Rayher Hobby GmbH und Pracht, Creativ Hobby für die freundliche Unterstützung mit Materialien.
Fotos: frechverlag GmbH, 70499 Stuttgart;
Fotostudio Ullrich & Co., Renningen

Materialangaben und Arbeitshinweise in diesem Buch wurden von den Autorinnen und den Mitarbeitern des Verlags sorgfältig geprüft. Eine Garantie wird jedoch nicht übernommen. Autorinnen und Verlag können für eventuell auftretende Fehler oder Schäden nicht haftbar gemacht werden. Das Werk und die darin gezeigten Modelle sind urheberrechtlich geschützt. Die Vervielfältigung und Verbreitung ist, außer für private, nicht kommerzielle Zwecke, untersagt und wird zivil- und strafrechtlich verfolgt. Dies gilt insbesondere für eine Verbreitung des Werkes durch Film, Funk und Fernsehen, Fotokopien oder Videoaufzeichnungen sowie für eine gewerbliche Nutzung der gezeigten Modelle.

Auflage:	5.	4.	3.	2.	1.	Letzte Zahlen
Jahr:	2006	2005	2004	2003	2002	maßgebend

ISBN 3-7724-3007-4 · Best.-Nr. 3007

© 2002

frechverlag GmbH, 70499 Stuttgart
Druck: frechdruck GmbH, 70499 Stuttgart

Liebe BastlerInnen,

sich zu schmücken war den Menschen schon immer ein Bedürfnis und so ist es bis heute geblieben. Besonders Kinder lieben es sich zu verkleiden oder schönen, bunten Schmuck zu tragen. Mit Fantasie und Kreativität lassen sich tolle, individuelle Schmuckstücke herstellen. Die Vielfalt der Perlen macht es uns leicht schicke Accessoires anzufertigen. Jedes Outfit lässt sich durch eine passende Kette und ein Armband aufpeppen und witziger Haarschmuck sorgt für bewundernde Blicke. Wir hoffen, dass Sie viel Freude beim Nachbasteln haben!

Ihre Gudrun Schmitt

und

Ute Iparraguirre De las Casas

Die wichtigsten Materialien und Hilfsmittel

Perlen
Rocailles, Stiftperlen, Indianerperlen, Glasschliffperlen, Holzperlen, Glasperlen usw. gibt es in verschiedenen Größen und Farben von verschiedenen Herstellern. Wir haben Rocailles mit einem Durchmesser von 0,2 mm verwendet.

Schmuckdraht
Für Ketten haben wir meistens kunststoffummantelten Stahldraht (nyloncoated) in verschiedenen Farben verwendet.

Kunststoffummantelter Draht
Bunten Draht erhalten Sie in verschiedenen Farben. Wir haben kunststoffummantelten Draht mit einem Durchmesser von 1 mm verwendet und ihn mithilfe eines Draht-Twisters zu Spiralen geformt.

Draht-Twister
Sie erhalten Twister in verschiedenen Stärken. Wir haben einen Twister mit 0,2 cm Durchmesser verwendet. Mithilfe dieses Gerätes können Sie Draht zu gleichmäßigen Spiralen formen.

Farbige Sicherheitsnadeln
Sie sind in verschiedenen Längen und Farben im Fachhandel erhältlich.

Magic-Stretch-Faden und Gummifaden
Beides erhalten Sie in verschiedenen Farben und Stärken. Für Armbänder ist Gummifaden geeigneter, da er stabil ist.

Quetschperlen
Quetschperlen sind in Silber und Gold erhältlich. Wir haben sie mit einem Durchmesser von 2 mm verwendet. Mit einer Zange werden sie zusammengedrückt um aufgefädelte Perlen zu fixieren.

Kettenverschlüsse
Im Fachhandel erhalten Sie eine große Auswahl verschiedener Verschlüsse in Gold und Silber. Wir haben meist Verschlüsse verwendet, die durch Zusammenquetschen an der Kette befestigt werden.

Zange, Seitenschneider, Schere
Mit einer kleinen Zange können Sie Quetschperlen oder Sicherheitsnadeln zusammendrücken und Verschlüsse anbringen. Mit dem Seitenschneider können Sie Drähte schneiden. Fäden etc. werden mit der Schere geschnitten.

Sekundenkleber
Mit Sekundenkleber kleben Sie Kettenenden in Verschlüsse und stabilisieren Knoten.

Exakte Materialangaben finden Sie in den jeweiligen Materiallisten.

So wird's gemacht

Ketten und Armbänder aufziehen

Die einfachste Art Ketten und Armbänder herzustellen ist das einreihige Aufziehen auf Schmuckdraht, Nylonfaden, Magic-Stretch-Band oder Gummifaden. Dazu fädeln Sie die gewünschten Perlen auf und verknoten dann den Faden gut bzw. bringen einen Verschluss an.
In den Anleitungen haben wir zwar Längen angegeben, es ist aber auf jeden Fall besser, Hals bzw. Arm vor dem Zuschneiden des Materials abzumessen und die Längen anzupassen.
Auf Schmuckdraht aufgezogene Ketten können auch mehrreihig gearbeitet werden. Achten Sie hierbei darauf die Perlen so aufzufädeln, dass sie auf den Drähten gut verteilt sind.
Mit Quetschperlen werden Perlen oder Drahtspiralen auf dem Schmuckdraht fixiert. Ziehen Sie dazu auf die gewünschte Stelle des Drahtes eine Quetschperle und drücken Sie diese mit einer kleinen Zange fest zusammen. Dann fädeln Sie die Perlen bzw. Drahtspiralen auf, ziehen eine zweite Quetschperle auf und drücken auch diese zusammen.
Dann können Sie einen Verschluss anbringen. Wir haben meist Verschlüsse verwendet, in deren Enden Sie den Schmuckdraht befestigen können. Schieben Sie dazu die Kettenenden in das Endstück und geben Sie etwas Sekundenkleber auf sie. Drücken Sie dann das Endstück mit der Zange fest zusammen. Die überstehenden Enden knipsen Sie mit dem Seitenschneider ab.
Möchten Sie einen anderen Verschluss anbringen, benötigen Sie ein kleine Öse am Schmuckdraht. Ziehen Sie dazu das Drahtende durch eine Quetschperle und führen Sie ihn wieder durch sie

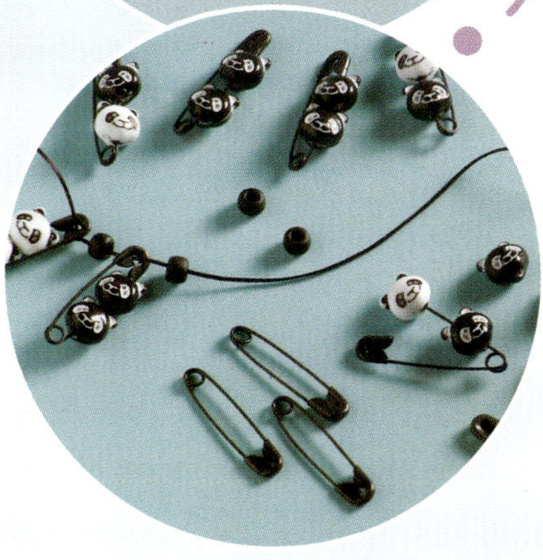

zurück. Dann drücken Sie die Quetschperle zusammen und schneiden die überstehenden Drahtenden ab. An der so entstandenen Öse können Sie den Verschluss anbringen.

Ketten und Armbänder mit Sicherheitsnadeln

Fädeln Sie die gewünschten Teile zunächst auf die Sicherheitsnadeln. Mit der Zange drücken Sie die Köpfe der Nadeln etwas zusammen, damit sie nicht aufgehen können. Dann fädeln Sie sie für Armbänder abwechselnd mit einer Perle auf Magic-Stretch oder Gummifaden. Verknoten Sie die Enden gut und sichern Sie sie mit etwas Sekundenkleber. Dann fädeln Sie die anderen Enden der Nadeln auf die gleiche Art auf. Wir haben bei einigen Ketten ebenfalls Sicherheitsnadeln eingearbeitet. Diese werden mit Schmuckelementen bestückt und dann mit dem Verschluss an die Ketten gehängt.

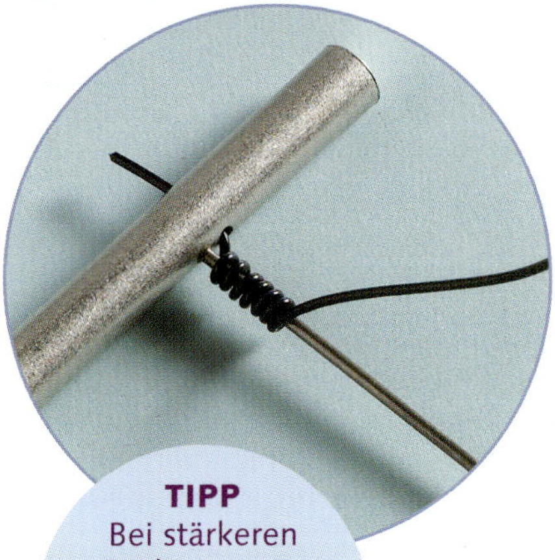

TIPP
Bei stärkeren Drähten muss die Querstange mit der ganzen Hand gedreht werden.

Herstellung von Drahtspiralen

Spiralen aus kunststoffummanteltem Draht werden mithilfe eines speziellen Draht-Twisters geformt. Die Handhabung ist ganz einfach: Schneiden Sie den Draht in der angegebenen Länge zu und ziehen Sie ein Ende durch das kleine Loch am Querstab. Mit dem Daumen und Zeigefinger drücken Sie den Draht auf den Stab, während der Zeigefinger der anderen Hand die Querstange dreht. Die Hand gleitet mit der wachsenden Spirale mit, deren Windungen ohne Abstand beieinander liegen müssen. Ist die gewünschte Länge erreicht, drehen Sie das obere Ende ebenfalls um den Draht und ziehen die Spirale nach unten vom Stab ab.

Kleine Raupe

Biegen Sie zunächst mithilfe eines Twisters alle 10 cm langen Drahtstücke zu Spiralen. Anschließend formen Sie die 5 cm langen Drähte laut Abbildung zu Füßen. Für die Kette benötigen Sie ca. 50 cm Schmuckdraht. Fädeln Sie Perlen, Knöpfe und fünf Drahtspiralen gemäß der Abbildung auf und sichern Sie alles mit Quetschperlen. Die Füße der Raupe hängen Sie an den Schmuckdraht und biegen ihn oben zusammen, damit die Füße nicht abfallen können.
Für das Armband teilen Sie den Rest des Schmuckdrahtes in drei 20 cm lange Stücke. Darauf fädeln Sie die restlichen Perlen und Drahtspiralen. Zum Schluss werden die Verschlüsse angebracht.

Material

- *Schmuckdraht in Schwarz, 110 cm lang*
- *Knopfset in Pink (5teilig), ø Kopf: 22 mm*
- *1 Beutel Rocailles in Gelb, transparent*
- *1 Beutel Indianerperlen in Orange, ø 4 mm*
- *Kunststoffummantelter Draht in Schwarz, 1 mm stark, 5 x 5 cm und 11 x 10 cm lang*
- *28 Quetschperlen in Silber*
- *2 Kettenverschlüsse in Silber*
- *Twister*

Bunte Schmetterlinge

Kette

Teilen Sie den Schmuckdraht in ein 40, 42 und 44 cm langes Teil und fädeln Sie auf diese die Indianerperlen und die Schmetterlinge gemäß der Abbildung. Mit Quetschperlen werden sie gesichert. Zum Schluss befestigen Sie den Verschluss.

Haarreif

Fädeln Sie die Perlen und Schmetterlinge auf den Elastikfaden und verknoten Sie Anfang und Ende gut. Nun wickeln Sie die Kette mithilfe des Elastikfadens an den Haarreif. Auch hier werden die Enden des Fadens am Haarreif gut verknotet.

Armband

Fädeln Sie die Indianerperlen und die Schmetterlinge auf die Sicherheitsnadeln. Teilen Sie das Gummiband in zwei 20 cm lange Teile und fädeln Sie die Sicherheitsnadeln abwechselnd mit den Indianerperlen auf. Dann verknoten Sie das Gummiband gut.

Material

- *Schmuckdraht in Blau, 126 cm lang*
- *1 Beutel Schmetterlingsperlen, bunt, ø 7 mm*
- *1 Beutel Indianerperlen in Weiß, ø 5 mm*
- *15 Sicherheitsnadeln in Blau, 34 mm lang*
- *Gummifaden in Blau, ø 1 mm, 40 cm lang*
- *1 Haarreif in Silber*
- *Elastikfaden, transparent, 100 cm lang*
- *34 Quetschperlen in Silber*
- *Kettenverschluss in Silber*

Mein Glücksbringer

Kette

Teilen Sie den Schmuckdraht in zwei Teile. Befestigen Sie an zwei Enden eine Quetschperle. Anschließend fädeln Sie gemäß der Abbildung Glasschliffperlen und Indianerperlen auf. Den Marienkäfer ziehen Sie durch beide Drähte und fixieren ihn mit einer Quetschperle. Den Rest der Kette fertigen Sie gemäß der Abbildung. Zum Schluss bringen Sie den Kettenverschluss an.

Material

- *Schmuckdraht in Silber, 50 cm lang*
- *1 Beutel Indianerperlen in Schwarz, ø 5 mm*
- *Je 1 Dose Glasschliffperlen in Rot, ø 4 mm und ø 6 mm*
- *2 Knipsspangen in Schwarz*
- *1 Glasperle: Marienkäfer*
- *19 Quetschperlen in Silber*
- *Elastikfaden, transparent, 75 cm lang*
- *Kettenverschluss in Silber*

Haarspangen

Für die Haarspangen knoten Sie je 15 cm Elastikfaden an das breite Ende der Spange.
Fädeln Sie eine Perle auf und schlingen Sie den Faden um die Spange herum. Sind Sie am schmalen Ende angekommen, ziehen Sie den Elastikfaden auf die andere Seite und fädeln weitere Perlen auf. Verknoten Sie das Ende gut .

Armband

Die Armbänder werden auf je 15 cm lange Elastikfäden aufgezogen. Fädeln Sie die Perlen laut Abbildung auf und knoten Sie die Enden gut zusammen.

Meine kleine Katze

Material

- *Schmuckdraht in Silber, 50 cm lang*
- *1 Glasperle: Katze*
- *1 Beutel Indianerperlen in Bunt, ø 4 mm*
- *1 Haargummi in Gelb*
- *Gummifaden in Gelb, 60 cm lang*
- *14 Quetschperlen in Silber*
- *1 Kettenverschluss in Silber*

Haargummi

Teilen Sie den Gummifaden in drei 20 cm lange Teile. Verknoten Sie die unteren Enden, fädeln Sie gemäß der Abbildung Perlen auf und verknoten Sie dann den Faden wieder. Anschließend knoten Sie die Fäden an den Haargummi.

Kette

Fädeln Sie die Katze und eine blaue Indianerperle in die Mitte des Drahtes. Ziehen Sie ein Ende des Drahtes nochmals durch die blaue Perle, sodass eine Schlaufe entsteht. Hinter der Indianerperle bringen Sie auf jedem Draht eine Quetschperle an. Ziehen Sie die restlichen Perlen gemäß der Abbildung auf. Zum Schluss wird der Kettenverschluss angebracht.

Flieg, kleiner Schmetterling

Teilen Sie den Schmuckdraht in 2 x 30 cm für die Kette und 4 x 20 cm für das Armband. Für die Kette befestigen Sie an zwei Enden des Drahtes eine Quetschperle und fädeln dann die Perlen gemäß der Abbildung auf. Auf beide Drähte fädeln Sie dann den Schmetterling, den Sie mit einer Quetschperle sichern. Dann werden die weiteren Perlen aufgezogen. Für die Blümchen fädeln Sie fünf Rocailles auf und ziehen den Draht nochmals in die gleiche Richtung durch die zuerst aufgefädelte Perle hindurch. Befestigen Sie zum Schluss die Kettenverschlüsse. Für das Armband fädeln Sie die Perlen auf und bringen dann die Kettenverschlüsse an.

Material

- *Schmuckdraht in Blau, 140 cm lang*
- *1 Beutel Rocailles in Blau, ø 2,5 mm*
- *1 Beutel Glasschliffperlen in Gelb, ø 4 mm*
- *1 Glasperle: Schmetterling*
- *25 Quetschperlen in Silber*
- *Kettenverschluss in Silber*

Lustige Meerestiere

Material

- *Schmuckdraht in Silber, 90 cm lang*
- *6 Acrylperlen mit Meerestieren*
- *27 Glasschliffperlen in Bunt, ø 0,6 cm, 0,8 cm und 1 cm*
- *Je 1 Beutel Rocailles in Pastellgrün, -gelb, -blau und -lila, ø 2,5 mm*
- *Elastikfaden, transparent, 70 cm lang*
- *20 Sicherheitsnadeln in Lila, 34 mm lang*
- *1 Beutel Glasschliffperlen in Blau, ø 4 mm (für Armband)*
- *1 Haargummi in Flieder*
- *24 Quetschperlen in Silber*
- *Kettenverschluss in Silber*

Kette

Teilen Sie den Schmuckdraht in zwei Teile (je 45 cm lang) und fädeln Sie die Rocailles, Glasschliffperlen und Meerestiere laut Abbildung auf. Achten Sie darauf, dass die Perlen auf beiden Strängen gleichmäßig verteilt sind. Bevor Sie den Verschluss anbringen, wird der innere Draht um ca. 2 cm gekürzt.

Haargummi

Schneiden Sie 4 x 10 cm Elastikfaden zu und befestigen Sie am Ende jeweils eine Quetschperle. Den Fisch bringen Sie an, indem Sie eine Schlaufe aus Elastikfaden formen und über beiden Fäden eine Quetschperle befestigen. Nun können Sie den Fisch an der Öse in die Schlaufe hängen. Fädeln Sie die Perlen auf und knoten Sie die Fäden gut an den Haargummi.

Armband

Die Rocailles und die Glasschliffperlen fädeln Sie gemäß der Abbildung und nach Ihrer Fantasie auf Sicherheitsnadeln. Den verbleibenden Elastikfaden teilen Sie in zwei Teile (je 15 cm lang) und fädeln abwechselnd eine Sicherheitsnadel und eine Glasschliffperle auf. Achten Sie dabei darauf, dass nicht zwei Nadeln mit Glasschliffperlen nebeneinander zu liegen kommen.

Mein liebster Teddy

Kette

13 Stücke 8 cm und 5 cm langen, schwarzen Draht drehen Sie mithilfe des Twisters zu Spiralen. Fädeln Sie gemäß der Abbildung drei Bärchen und Holzperlen auf sieben Sicherheitsnadeln. Biegen Sie ein Ende des restlichen 8 cm langen Stückes schwarzen Draht um. Bringen Sie darauf laut Abbildung Perlen, die zwei Sicherheitsnadeln für die untere Reihe, Drahtspiralen und die oberen fünf Sicherheitsnadeln an und biegen Sie anschließend auch das zweite Ende um. Fädeln Sie 12 Holzperlen auf die Kette und hängen Sie den Anhänger aus Sicherheitsnadeln dazwischen. Nun bringen Sie auch die restlichen Perlen, Spiralen und Quetschperlen an. Anschließend wird der Verschluss angebracht.

Material

- *Schmuckdraht in Schwarz, 42 cm lang*
- *6 Teddyknöpfe in Beige, Ocker und Braun*
- *Je 1 Beutel Holzperlen in Beige und Schwarz, ø 3 mm*
- *1 Beutel Holzperlen in Braun, ø 5 mm*
- *Draht in Schwarz, 2 mm stark, 12 x 8 cm und 2 x 5 cm*
- *22 Sicherheitsnadeln in Schwarz, 40 mm lang*
- *1 Kettenverschluss in Silber*
- *10 Quetschperlen in Silber*
- *Magic-Stretch-Faden in Schwarz, 40 cm lang*
- *Twister*

Armband

Fädeln Sie auf 15 Sicherheitsnadeln gemäß der Abbildung Perlen, Bärchen und sechs Drahtspiralen aus 8 cm langen Drahtstücken. Dann fädeln Sie alles gemäß der Abbildung auf den Magic-Strech-Faden, den Sie zuvor in zwei Teile geteilt haben.

Schillernde Fische

(Abbildung auf Seite 18/19)

Kette

Schneiden Sie den Schmuckdraht in drei 45 cm lange Teile und fädeln Sie die Perlen zusammen mit den Glasperlen und Quetschperlen laut Abbildung auf. Teilweise fassen Sie die Drähte mit einer Quetschperle zusammen, ziehen anschließend die Perlen einzeln auf die Drähte und sichern das andere Ende ebenfalls durch

Material

- *Schmuckdraht in Blau, 135 cm lang*
- *2 Glasperlen: Fisch in Grün/Blau und Rot/Grün*
- *Je 1 Dose Glasschliffperlen in Transparent irisierend, ø 4 mm und ø 6 mm*
- *1 Dose Glasschliffperlen in Grün, ø 6 mm*
- *1 Dose Glasschliffperlen in Blau, ø 4 mm*
- *1 Dose Regenbogenperlen in Grün, ø 5 mm*
- *22 Quetschperlen in Silber*
- *Magic-Stretch-Faden in Blau, 60 cm lang*
- *Kettenverschluss in Silber*

eine Quetschperle, die Sie durch die drei Drähte ziehen. Orientieren Sie sich an der Abbildung. Zum Schluss wird der Kettenverschluss angebracht.

Armbänder

Den Magic-Stretch-Faden teilen Sie für die Armbänder in vier je 15 cm lange Teile. Fädeln Sie die Perlen laut Abbildung oder nach Ihrem Geschmack auf und verknoten Sie die Enden des Fadens gut.

Alle meine Entchen

Kette

Fädeln Sie blaue Rocailles auf die Mitte des Drahtes. Ziehen Sie eine Quetschperle durch beide Drähte und drücken Sie sie zusammen, sodass eine Schlaufe entsteht. Fädeln Sie die grüne Ente auf und befestigen Sie direkt über ihr auf beiden Drähten eine weitere Quetschperle. Die restlichen Perlen werden gemäß der Abbildung aufgezogen. Dann bringen Sie die drei Sicherheitsnadeln an, auf die Sie zuvor die Enten und Rocailles gezogen haben. Anschließend bringen Sie den Verschluss an.

Armband

Teilen Sie den Magic-Stretch-Faden in zwei 15 cm lange Teile. Ziehen Sie die Perlen auf die Sicherheitsnadeln und fädeln Sie diese abwechseln mit Indianerperlen auf den Faden. Diesen verknoten Sie zum Schluss gut.

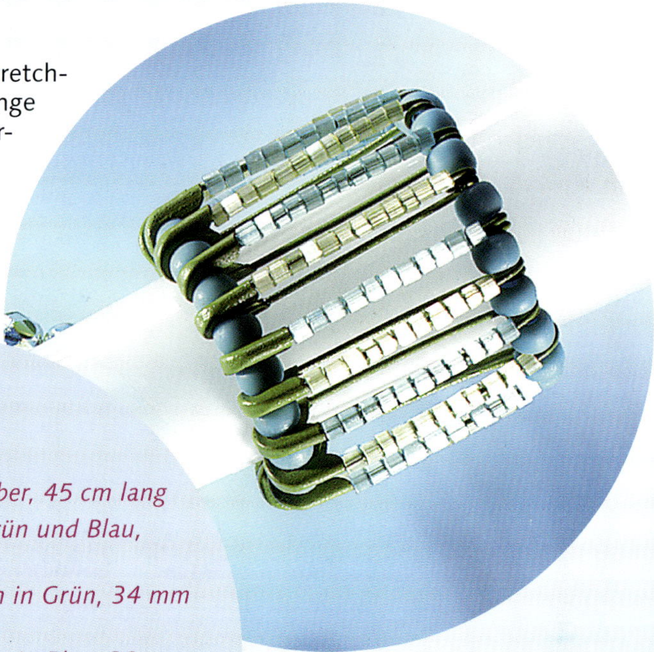

Material

- *Schmuckdraht in Silber, 45 cm lang*
- *3 Entenknöpfe in Grün und Blau, ø 15 mm*
- *21 Sicherheitsnadeln in Grün, 34 mm lang*
- *Magic-Stretch-Faden in Blau, 30 cm lang*
- *1 Beutel Indianerperlen in Hellblau, ø 5 mm*
- *Je 1 Beutel eckige Rocailles in Maigrün und Hellblau, ø 2 mm*
- *12 Quetschperlen in Silber*
- *Kettenverschluss in Silber*

Herzige Kette

Formen Sie zunächst die Perlen aus Fimo. Hierzu rollen Sie das rote und pinkfarbene Fimo mit einem Wellholz ca. 0,3 cm dick aus, legen die Lagen übereinander und rollen sie zusammen. Nun können Sie davon ca. 0,5 cm – 1 cm dicke Scheiben abschneiden und daraus Kugeln bzw. Herzen formen.
Bevor Sie das Fimo im Backofen laut Herstelleranleitung härten, formen Sie für die Herzen aus Basteldraht kleine Schlaufen. Diesen stecken Sie in das Fimo. Die Perlen durchstechen Sie mit einem Zahnstocher. Die Kette besteht aus drei 1 cm, 1,5 cm und 2,5 cm großen Herzen. Die Kugeln haben einen Durchmesser von 0,7 cm bzw. 1,5 cm.
Formen Sie den Draht mit dem Twister zu Spiralen und ziehen Sie dann alle Teile gemäß der Abbildung auf den Schmuckdraht. Zum Schluss bringen Sie den Kettenverschluss an.
Für den Haargummi knoten Sie zwei 1 cm bzw. 1,5 cm große Herzen an die Enden des Gummifadens und knoten diesen dann an den Haargummi.

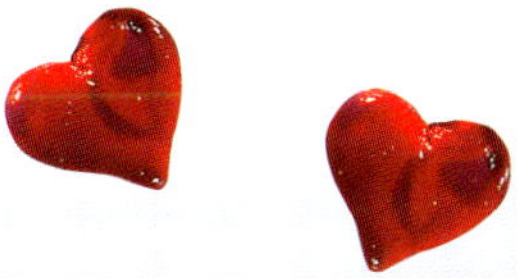

Material

- Schmuckdraht in Schwarz, 40 cm lang
- Je 1 Päckchen FIMO® Soft in Rot und Pink
- Kunststoffummantelter Draht in Rot, ø 1 mm, 4 x 10 cm lang
- Indianerperlen ind Rot, ø 0,5 cm
- 14 Quetschperlen in Silber
- Rest Basteldraht in Schwarz
- 1 Haargummi in Pink
- Gummifaden in Rot, ø 1 mm, 20 cm lang
- Twister
- Kettenverschluss in Silber
- Wellholz

Schmuck aus FIMO®

Katze

Schneiden Sie von der Rolle Fimo sieben ca. 0,3 cm starke Scheiben ab. Bevor Sie sie backen, formen Sie aus ca. 1 cm Basteldraht kleine Ösen und stecken diese als Aufhängung in die Scheiben. Backen Sie das Fimo laut Herstellerangaben im Backofen.
Anschließend formen Sie mithilfe des Twisters fünf Spiralen aus 9 cm Draht. Teilen Sie den Schmuckdraht in ein 45 cm und ein 40 cm langes Teil. Nun ziehen Sie die Perlen, Spiralen und Fimoscheiben gemäß der Abbildung auf die Drähte und sichern alles mit Quetschperlen. Zum Schluss bringen Sie den Kettenverschluss an.

Material

- *Schmuckdraht in Schwarz, 85 cm lang*
- *Kunststoffummantelter Draht in Schwarz, ø 1 mm, 5 x 9 cm lang*
- *20 Quetschperlen in Silber*
- *Je 1 Beutel Indianerperlen in Orange und Schwarz, ø 5 mm*
- *1 Beutel Rocailles in Braun, transparent, ø 2 mm*
- *1 Stange FIMO® Millefiori: Katze*
- *Basteldraht in Schwarz, 7 cm lang*
- *1 Kettenverschluss in Silber*
- *Twister*

Material

- *1 Lederband in Ocker, ø 2 mm, 54 cm lang*
- *1 Rolle FIMO® Millefiori: Sonne*
- *Kunststoffummantelter Draht in Rot, ø 1 mm, 36 cm lang*
- *Twister*
- *Zahnstocher*

Sonne

Teilen Sie den Draht in vier 9 cm lange Teile und drehen Sie diese um den Twister zu Spiralen. Schneiden Sie von der Rolle Fimo drei ca. 1 cm starke Stücke und formen Sie diese vorsichtig zu Kugeln. Stechen Sie in diese mit einem Zahnstocher Löcher, die etwas größer als der Durchmesser des Lederbandes sein sollten.
Anschließend backen Sie das Fimo laut Herstellerangaben. Ziehen Sie dann die Fimo-Perlen und die Drahtspiralen gemäß der Abbildung auf das Lederband.

Glitzerschmuck

Kette

Teilen Sie den Schmuckdraht in ein 44 cm und ein 46 cm langes Stück. Dann ziehen Sie die Perlen und Strasssteine gemäß der Abbildung auf.

Haargummi

Teilen Sie den lilafarbenen Magic-Stretch-Faden in vier 10 cm lange Stücke. Verknoten Sie die unteren Enden um eine Perle bzw. einen Strassstein und fädeln Sie die Perlen und den Strass auf. Orientieren Sie sich dazu an der Abbildung. Knoten Sie die Stränge dann an den Haargummi.

Material

- *Schmuckdraht in Silber, 90 cm lang*
- *23 Kesselstrass-Steine in verschiedenen Farben, Formen und Größen, ø 0,7 cm – 1 cm*
- *1 Beutel Rocailles in Regenbogen, ø 2 mm*
- *1 Beutel Perlen in Silber, ø 4 mm*
- *16 Quetschperlen in Silber*
- *20 Sicherheitsnadeln in Silber, 30 mm lang*
- *1 Haargummi in Violett*
- *Magic-Stretch-Faden in Transparent und Lila, je 40 cm lang*
- *Kettenverschluss in Silber*

Armband

Für das Armband benötigen Sie zwei 20 cm lange Stücke Magic-Stretch-Faden. Fädeln Sie die Rocailles und den Kesselstrass auf die Sicherheitsnadeln. Beachten Sie, dass die Strasssteine dabei immer auf zwei Sicherheitsnadeln gezogen werden. Fädeln Sie die Nadeln und die Silberperlen abwechselnd auf.

Elefant und Maus

Teilen Sie den Draht in ein 29 cm und ein 27 cm langes Stück und befestigen Sie an deren Enden je eine Quetschperle. Ziehen Sie die Perlen laut Abbildung auf. Nach 9 bzw. 11 cm Draht ziehen Sie auf beide Drähte eine Quetschperle. Zum Schluss befestigen Sie den Kettenverschluss.

Material

- *Schmuckdraht in Silber, 56 cm lang*
- *Je 1 Beutel Glasschliffperlen in Transparent irisierend, ø 4 mm und 6 mm*
- *1 Beutel Rocailles in Pink, ø 2 mm*
- *1 Beutel Stabperlen in Mattweiß, 12 mm lang*
- *Glasperlen: Elefant und Maus*
- *3 Quetschperlen in Silber*
- *1 Kettenverschluss in Silber*

Material

- *Schmuckdraht in Silber, 136 cm lang*
- *10 Acrylblumen in Rosa/ Lila, ø 1,5 cm*
- *1 Beutel Perlen in Lila, ø 0,5 cm*
- *40 Quetschperlen in Silber*
- *1 Kettenverschluss in Silber*

Blümchen

Teilen Sie den Schmuckdraht in ein 40 cm und ein 36 cm langes Stück für die Kette und in drei 20 cm lange Stücke für das Armband. Ziehen Sie Blümchen und Perlen auf und sichern Sie sie mit Quetschperlen. Anschließend befestigen Sie den Verschluss.

Pandabären

Kette

Teilen Sie den Schmuckdraht in ein 46 cm, ein 42 cm und ein 40 cm langes Stück und ziehen Sie Pandabären, Indianerperlen und Quetschperlen laut Abbildung auf. Anschließend können Sie den Verschluss befestigen.

Material

- *Schmuckdraht in Silber, 122 cm lang*
- *1 Beutel Pandabären-Perlen in Schwarz/Weiß, ø 1 cm*
- *1 Beutel Pandabären-Perlen in Schwarz/Weiß, ø 0,8 cm*
- *1 Beutel Indianerperlen in Schwarz, ø 0,5 cm*
- *15 Sicherheitsnadeln in Schwarz, 28 mm lang*
- *20 Quetschperlen in Silber*
- *Magic-Strech-Faden in Schwarz, 30 cm lang*
- *1 Kettenverschluss in Silber*

Armband

Teilen Sie den Magic-Strech-Faden in zwei gleich lange Teile. Ziehen Sie die Sicherheitsnadeln, auf die Sie zuvor die Pandabären gesteckt haben, abwechselnd mit den Indianerperlen auf und verknoten Sie die Enden.

Kleine Mäuse

Kette

Teilen Sie den Schmuckdraht in ein 44 cm und ein 46 cm langes Teil und fädeln Sie die Mäuse und Sicherheitsnadeln laut Abbildung auf. Mit Quetschperlen werden sie gesichert. Zum Schluss wird der Kettenverschluss angebracht.

Armbänder

Teilen Sie den Gummifaden in zwei 15 cm Teile und fädeln Sie die Mäuse auf. Dann verknoten Sie die Enden des Bandes gut.

Haargummi

Bringen Sie an einem Ende des Magic-Stretch-Fadens eine Quetschperle an und fädeln Sie anschließend sechs Mäuse auf. Knoten Sie den Magic-Stretch-Faden um den Haargummi. Anschließend bringen Sie am restlichen Faden weitere sechs Mäuse an und sichern diese mit einer Quetschperle.

Material

- *Schmuckdraht in Silber, 90 cm lang*
- *1 Beutel Mausperlen, ø 1 cm, bunt*
- *6 Sicherheitsnadeln in Lila, 34 mm lang*
- *1 Kettenverschluss in Silber*
- *Gummifaden in Lila, 1 mm stark, 30 cm lang*
- *Magic-Stretch-Faden in Rot, 20 cm lang*
- *14 Quetschperlen in Silber*
- *1 Haargummi in Rot*

Puzzle

(Abbildung auf Seite 32)

Kette

Formen Sie den blauen und grünen Draht mithilfe des Twisters zu Spiralen. Dann fädeln Sie alle Teile gemäß der Abbildung auf und sichern sie mit Quetschperlen. Zum Schluss bringen Sie den Kettenverschluss an.

Armband

Den zu Spiralen gedrehten Draht und die Perlen ziehen Sie auf Sicherheitsnadeln. Den Gummifaden teilen Sie in zwei je 20 cm lange Stücke. Nun ziehen Sie die Sicherheitsnadeln abwechselnd mit Indianerperlen darauf und verknoten die Enden gut.

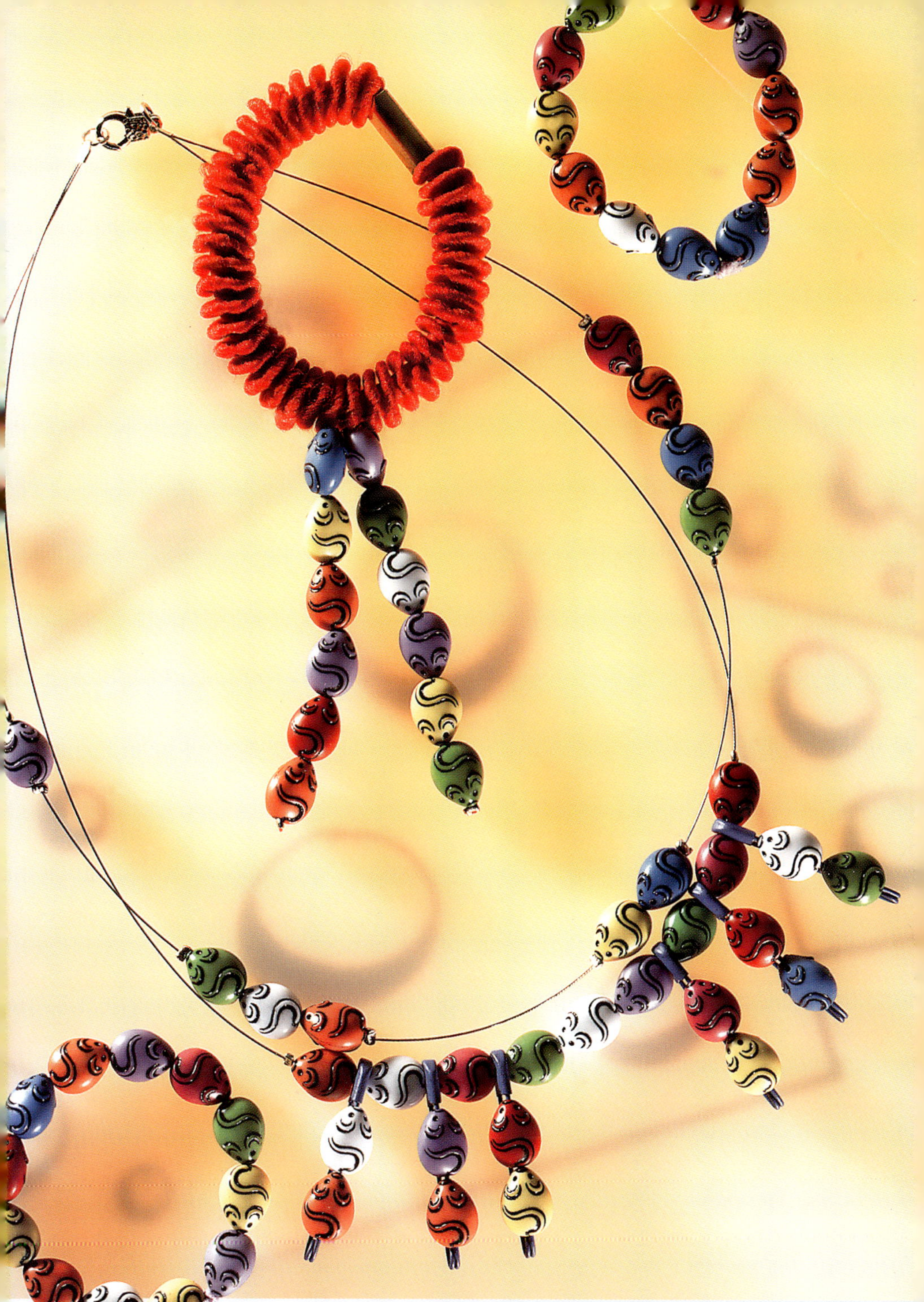

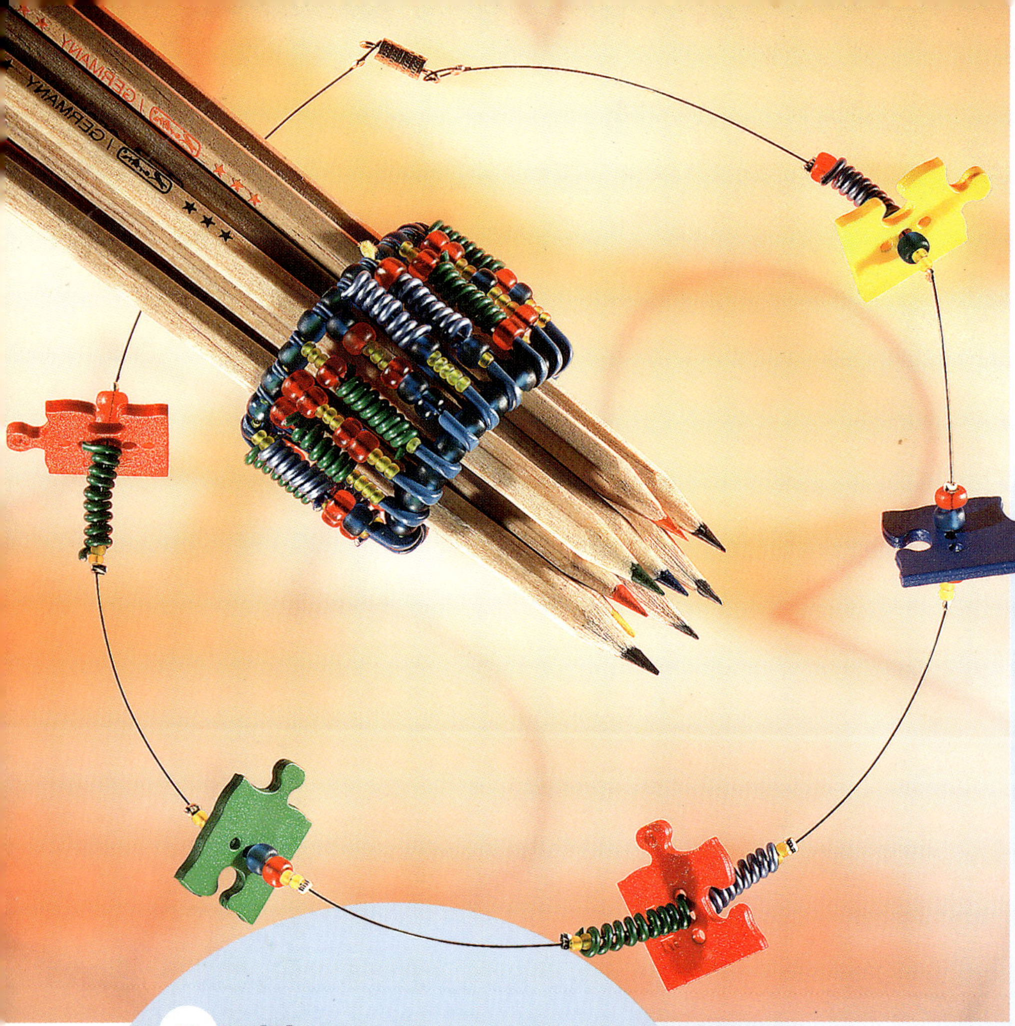

Material

- *Schmuckdraht in Schwarz, 44 cm lang*
- *5 Puzzleteile (Knöpfe); 2,8 cm lang*
- *20 Sicherheitsnadeln in Blau, 34 mm lang*
- *Kunststoffummantelter Draht in Blau und Grün, ø 1 mm, 16 x 10 cm lang*
- *Je 1 Beutel Indianerperlen in Rot, transparent und Blau, transparent, ø 5 mm*
- *1 Beutel Rocailles in Gelb, transparent, ø 2 mm*
- *Gummifaden in Gelb, 40 cm lang*
- *12 Quetschperlen in Silber*
- *Twister*
- *Kettenverschluss in Silber*